ツバメ

作詞・作曲・編曲 Ayase

煌く水面の上を
夢中で風切り翔る
翼をはためかせて
あの街へ行こう
海を越えて

僕はそう小さなツバメ
辿り着いた街で触れた
楽しそうな人の声
悲しみに暮れる仲間の声

みんなそれぞれ違う暮らしの形
守りたくて気付かないうちに
傷付け合ってしまうのはなぜ
同じ空の下で

僕らは色とりどりの命と
この場所で共に生きている
それぞれ人も草木も花も鳥も
肩寄せ合いながら
僕らは求めるものも
描いてる未来も違うけれど
手と手を取り合えたなら
きっと笑い合える日が来るから
僕にはいま何ができるかな

誰かが手に入れた豊かさの裏で
帰る場所を奪われた仲間
本当は彼も寄り添い合って
生きていたいだけなのに

悲しい気持ちに飲み込
心が黒く染まりかけても
許すことで認めることで
僕らは繋がり合える

僕らにいまできること
それだけで全てが変わらなくたって
誰かの一日にほら
少しだけ鮮やかな彩りを
輝く宝石だとか
金箔ではないけれど
こんな風に世界中が
ささやかな愛で溢れたなら
何かがほら変わるはずさ
同じ空の下いつかきっと
それが小さな僕の大きな夢

「ひろがれ！いろとりどり」テーマソング　ツバメ　とは

「ひろがれ！いろとりどり」の中で行われた企画「YOASOBIとつくる未来のうた」で
グランプリに輝いた物語「小さなツバメの大きな夢」(乙月なな・作)をもとに作られた楽曲です。
「あおきいろ」「みんなのうた」などの番組で、さまざまなバージョンを放送中。

子ツバメダンス 振付図解

詞・曲・編 Ａｙａｓｅ
振　付 ＭＩＫＩＫＯ
イラスト Ｎｏｒｉｔａｋｅ

Aメロ

1 煌く水面の上を
きれいな羽根を上げてゆっくり下ろす

2 夢中で 風切り翔る
あと2回、くり返す

3

4 翼を
羽ばたきながら右から左へ

5 はためかせて
右手を左手に重ねて
バサバサバサ

     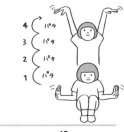

6 あの
前を指さし

7 街へ行
その手をおでこ、上

8 こう 海を
右にのばし、またおでこに

9 越えて
左、前、右の順に向いて、前に戻す

10 僕はそう小さな ——— **11**
左向いてしっぽ・右向いてしっぽ

12 ツバメ
下からパタパタ

13 辿り着いた街で ——— **14** ——— 触れた **15**
右向いてしっぽ・左向いてしっぽ / 下からパタパタ

2回目は右向きだよ！

Bメロ

16 楽しそうな
右耳で なあに？

17 人の ———
左耳で なあに？

18 声
左向いて望遠鏡

22 みんなそれぞれ
左 右 左

23 違う
右 左 右

26 守り ———
両腕を回して前で重ねて

27 たく
チラ見

28 て
右手を外に回す

19 悲しみに暮れる仲間の
左耳で なあに？

20 ———
右耳で なあに？

21 声
右向いて望遠鏡 バー

24 暮らしの ———
左 右 左

25 形
右 左 右

29 気付かない
重ねて

30 うち
チラ見

31 に
右手を外に回す

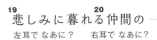 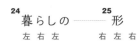      

32 傷 ——— **33** 付け ——— **34** 合って
左のひじに右のこぶし / 反対に / (うんうん)

38 同じ空
「一（いち）」書いて

39 の下で
体の前で大きな輪を書く

40 ♪
その手を正面で振り下ろす / おじぎ

41 ♪
手で羽をつくる

35 しまう ——— **36** のは ——— **37** なぜ
右のひじに左のこぶし / 反対に / 考える

Cメロ
サビ

42 僕らは ———
左向いてパタ

43 色とりどり
右から前へパタパタパタ

46 場所で
右手でいち
左手でいち

47 共に
合わせて

48 生きて
胸の前に下ろす

49 いる
前に突き出す

50 それぞれ 人も 草木も
下から上へパタパタ 3回

44 の ———
左向いてパータ

45 命とこの
右から前へパタパタパタ

「僕らは求めるものも～」のブロックも、42～54の繰り返しだよ!

51 花も 鳥も
のばしてバイバーイ

52 肩寄せ合いなが
手をパクパク
小さくなって

53 ら
手をぐるぐる
体をのばして

54 ♪
ハート!

55 僕には いま何ができる
右手、左手と胸に重ねて

56 かな
ツバメが飛んでいく

57 ♪
戻す!

間奏
手歌ハート

この次の「誰かが手に入れた～」はBメロで、22～40と同じだよ!

58 手話「色」
指先をくっつけてねじる

59 手話「とりどりの」
交差した手を
左右に開いていく

60 手話「命」
左胸に右こぶしを当てる

61 手話「つながり」
親指と人差し指で作った輪
をつなげる

62 手話「合う」
体の前で大きく円を描く

63 ♪
両腕を左右にひらいて
羽の形にし パタパタパタパー

Dメロ

64 悲しい気持ちに
大きく開いて

65 飲み込まれて
かお か・く・す!

66 心が 黒く
右手、左手と胸に重ねて

67 染まりかけても
パタパタパタ 戻す

68 許すことで
左手ひらく 右手ひらく

69 認めることで
胸・頭 なでなで

この後の大サビの
「僕らにいまできること～」
「輝く宝石だとか～」
のブロックも、41～54の
繰り返しだよ!

エンディング

70 僕らは
指さす 指さす

71 繋がり
体の前でからめて
ひらく

72 合える
しん・そう・に・
指を向ける

73 それが 小さな 僕の
右手、左手と胸に重ねて

74 ♪
パタパタパタ 戻す

75 大きな夢
飛び立ちます～

76 ♪
左手で右手の羽をなでる

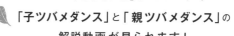
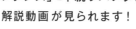

77 手話「共に」

78 手話「生きる」
上下に重ねた腕を左右に2回動かす

79 ♪
上で羽!

NHK「あおきいろ」ホームページで
「子ツバメダンス」と「親ツバメダンス」の
解説動画が見られます!

https://www.nhk.or.jp/irotoridori/aokiiro/dance/

ツバメ

作詞　Ayase
作曲
編曲

谷口尚久　ピアノ編曲

9

ツバメ

作詞
Ayase 作曲
編曲

谷口尚久　ピアノ編曲

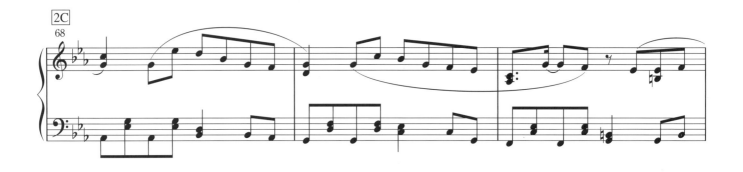

ツバメ

作詞
Ayase　作曲
編曲

加藤昌則　合唱編曲

B

ダ ダ ダ ダ ダ ダ ダ ダ ラ ラ ラ たのし

そう ちいさーなツバメ たどりつい たまちーでふれ た

そう なひとのこえ かなしみに くれーる なかま のこーえ Ah

ラ ラ ラ ラ く れーる なかま のこーえ みんなそ

C

ち が う か た ち ラ ラ きづかな

れぞれちが う く らしのかたち まもりたくて きづかないうちに

ツバメ

メロディー譜

作詞・作曲・編曲 Ayase
採譜 谷口尚久

25

手歌でやってみよう！

ツバメ

手歌翻訳 ホワイトハンドコーラス NIPPON
監修 コロンえりか、井崎哲也

手話で「ツバメ」
薬指を曲げ
手首が頭、人差し指・中指が尾羽
親指・小指が翼を表す

手歌って？
歌詞から感じた情景を
手話を取り入れて
パフォーマンスする方法

「ツバメ」の歌詞の世界を
手話とオリジナルの動きを交えて表現しています
「みんなのうた」を見ながら皆さんも一緒にやってみましょう

♪煌く水面の上を

❶水面
手のひらを下にして
両手を前に伸ばし
手のひらを揺らしながら
大きく水平に動かす

❷煌く
手を上に向けて前に出し
指を開閉させながら
体のほうに引く
（手は交差してもしなくてもOK）

❸上を
右手で「ツバメ」の形にし
水面の上すれすれを
早く飛んでいく様子を表す

♪夢中で

「一生懸命」の手話

「集中して」の手話

❹夢中で
指を伸ばした両手をこめかみの横あたりから前に出す
顔の前で握った両手を重ね、前に出す

♪風切り翔る

♪翼をはためかせて

❺風
両手のひらを前に向けて
右上から左下に向けて動かす

❻切り
顔に前から
風が吹いている様子

❼翔る
右手で「ツバメ」を作って八の字に
動かし飛び回っている様子を表す

❽翼をはためかせて
両手を翼のように動かす

♪あの街へ行こう

❾あの
遠くを指さす

❿街へ
右手の甲と左手のひらを前に向けて
屋根の形を作り、手を裏返し
ながら右方向に動かし屋根を三つ作る

⓫行こう
両手の人差し指を伸ばして
外側から水平に体の中心に動かし
指を下に向けて前に動かす

♪海を越えて

「塩」の手話

「水」の手話

肩のほうから下におろして

⓬海を
右手の小指を立ててくちびるに当てる
右腕を左から右方向に波打たせる

⓭越えて
右手で「ツバメ」を作り
海を越える様子を表す

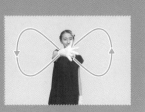

⑭僕は
右手の人差し指で
自分を指差す

⑮そう
左右とも人差し指と
親指を上に向けて
指先を2回合わせる

⑯小さな
両手とも指を閉じて
やや曲げ、胸の前で
近づける

⑰ツバメ
右手で「ツバメ」を作って
八の字を描き、自由に飛び
回っている様子を表す

♪辿り着いた街で触れた

⑱街で
両手で三角屋根の形を作り、
遠くから自分のほうに寄せる。
これを左右行う（飛んでいるツバメ
が屋根の間をすり抜ける様子）

⑲辿り着く
左手は屋根の形のままで、
そこに右手でツバメが
降り立つ様子を表す

⑳触れる（＝わかる）
右手を胸に当て、
下に下ろす

♪楽しそうな人の声

㉑（飛んでいって見つけた！）
両手を翼のように動かし、
飛んでいった場所で指を差す

㉒楽しい
両手の指を伸ばして開き、
胸の前で上下させる。
表情も楽しそうに

㉓人の声
親指と人差し指で丸を作り、
喉のあたりから
上のほうに動かす

♪悲しみに暮れる仲間の声

㉔（また別の場所で見つけた！）
㉑とは違う方向に羽ばたいていき、指を差す

㉕悲しい
目から涙が落ちる様子を
両手で交互にする

㉖仲間の
両手を握って水平に回す

㉗声
㉓と同じ

♪みんなそれぞれ違う

㉘それぞれ
右手人差し指で、
別々の場所を3回指差す

㉙違う
両手とも親指と人差し指を伸ばして交差させ、
外にひねりながら交差を解く

♪暮らしの形

㉚暮らしの
㉙の指の形のまま
両手のひらを外側に向け、
くるっと1周動かす

㉛形
両手を互い違いに
上下に動かす

♪守りたくて

㉜守る
右手は親指を立てて
甲を正面に向け、
左手でそれを包むように動かす

㉝〜したい
右の親指と人差し指を
あごのあたりから下に
引っ張るように
動かしながらくっつける

♪気付かないうちに

㉞気付く
右人差し指を
こめかみのあたりに当てる

㉟〜しないうちに
左手は親指と人差し指を伸ばし、
人差し指に沿うように
右人差し指を動かす

♪傷付け合ってしまうのは

㊱心
右人差し指で左胸を
ぐるっと囲む

㊲傷付け合う
左親指を立てて人に見立て、
右人差し指を横に引いて傷付ける動き。
手前と向こうの2度行う

♪なぜ

㊳なぜ
右人差し指を伸ばし、
伏せた左手の下をくぐらせる

♪同じ空の下で

㊴空
両手を上げて大きく
ぐるっと広げ、
世界中の空を表す

㊵下
両手とも親指と人差し指を
伸ばし、他の指は握って
下を指さす

㊶同じ
両手とも親指と人差し指を
上に向けて
3回くっつける動きをする

♪僕らは色とりどりの命と

「みんな」の手話

㊷僕らは
僕⑭の動作のあと
右腕を左から右にかけて動かす

㊸色
両手の親指と人差し指を
くっつけてねじる動きをし、
絵の具のふたを開ける様子

㊹とりどりの（＝それぞれ）
両手とも親指と人差し指を
伸ばして交差させ、
3回ひねりながら交差を解く

㊺命と
左胸に握った右手を当てる

♪この場所で共に生きている

㊻この場所で
右手は㊺のままで、
左手は指を少し丸めて下に向け、
「この場所」を示す

㊼共に（＝互いに）
両腕を交差させ、
それぞれの親指と人差し指の
指先を同時につける

㊽生きている
手を握って両肘を張り、
2回上下に動かす

♪それぞれ人も草木も

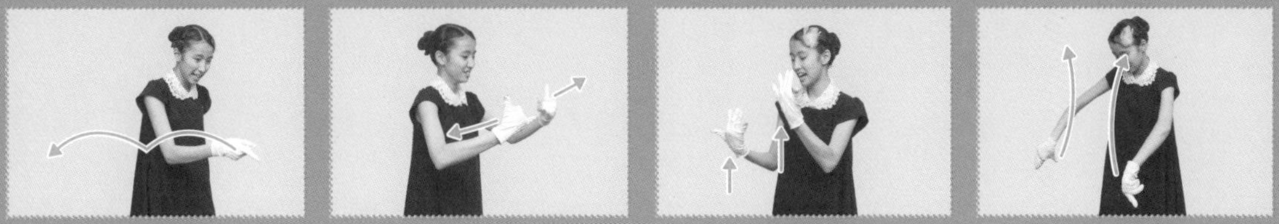

㊾それぞれ
㉙と同じく、右手人差し指で、別々の場所を３回指差す

㊿人（人々）
両手とも親指と小指を立て、揺らしながら広げていく

(51)草
両手の指を伸ばして広げ、下から上に動かして「草」を表す

(52)木
両手の親指と人差し指で、下から木を描く

♪花も鳥も

(53)花
両手を握るように閉じていたところから、ねじりながら指を開く

(54)鳥
右手の親指・人差し指でくちばしの形を作って開閉し、両手で羽を作って動かす

♪肩寄せ合いながら

オリジナルの
動きだよ

(55)肩寄せ合う
両手の親指を立ててくっつけてリズムを取って左右に動かす。人と人が寄り添う様子を表す

♪僕らは求めるものも

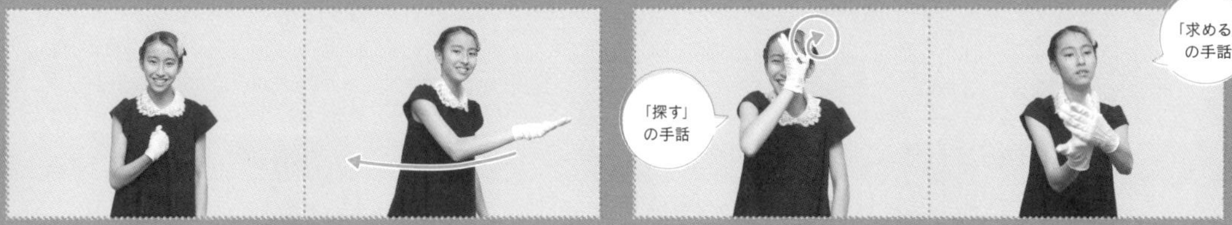
「探す」
の手話
「求める」
の手話

(56)僕らは
㊷と同じ

(57)求めるもの
親指と人差し指で丸を作って目の周りを動かす
左手に右手を重ねて「ください」のポーズ

♪描いてる未来も違うけれど

(58)描く
宙に大きく絵を描く動き

(59)未来
右手を頭の横から斜め前に倒す。視線は遠くに向けて

(60)違う
親指と人差し指を開いて、右手は外側に、左手は内側に向け、横に開きながらくるっと回転させる

(61)けれど
右手のひらを指先を上にして前に向け、くるっと裏返す

♪手と手を取り合えたなら

(62)手と手を取り合う
片手ずつ順に手のひらを広げ、前で握ってうなずく

♪きっと笑い合える

(63)きっと
手の小指と小指を絡ませて「約束」のポーズ

(64)笑う
右手の指をやや広げて口の前で左右に動かす

(65)共に
㊼と同じ動き

♪日が来るから

㉞日（＝時）

時計盤に見立てて広げた
左手のひらに、右手の親指を
立てて当て、人差し指を
針のように前から下に動かす

㉟来る

右人差し指を立てて
遠くから自分のほうに
向かって動かす

♪僕にはいま

㉘僕には

⑭と同じ

㉙いま

両手のひらを下に向け、
水平の面を上から
押さえるようにする

♪何ができるかな

「できる」
「大丈夫」
の手話

⑰できる

右手の先を左胸に当ててから
右胸に当てる

㉑何？

右手の人差し指を立て、
指先を左右に揺らす

♪輝く宝石だとか

㉒輝く宝石

宝石を両手で下からすくい上げ、
それがきらきらと輝いている様子
（❷と同じ）を表す

㉓だとか（＝または）

右手でチョキの形を上から出す

♪金箔ではないけれど

㉔金箔

右手の親指を人差し指で輪を作り（金）、
両手の親指と人差し指で持った紙を
ヒラヒラと揺らす動きをする（箔）

㉕ではない（＝違う）

㉚と同じ

㉖けれど

㉛と同じ

♪こんな風に世界中が

㉗こんな

向こうを指差す

㉘風に（＝～のようだ）

右手の人差し指と中指を
そろえ、上、下と指し示す

㉙世界中が

両手を丸くして地球儀を回すように
上から下に動かし、
さらにその球体をくるむように右手を動かす

♪ささやかな愛で溢れたなら

「愛」
の手話

㉚ささやかな愛

左手を握り、その上を右手でそっと大事になでる
だんだん動きを大きくしたら、両手でハート形を作って
左右に動かす

㉛溢れたなら

両腕を下から大きく広げ、
心から溢れる様子を表す

30

♪何かがほら 変わるはずさ

⑧②変わる
ギュッと腕を抱き込み、
手を開きながら大きく回す

⑧③はずだ
おなかの位置で左手のひらを上に向け、
その上で甲を前に向けた右手を
スッと横に動かす

♪同じ空の下 いつかきっと

⑧④同じ空の下
㊴～㊶と同じ

⑧⑤いつか
右手を耳の横あたりから前に
動かしながら親指から順に
指を折っていく

⑧⑥きっと
㊿と同じ

♪それが小さな僕の

⑧⑦それが
右手で指を差す

⑧⑧小さな
⑯と同じ

⑧⑨僕の
⑭と同じ

♪大きな夢

ふんわりと
やわらかく

⑨⓪大きな
大きく手を広げて上から回す

⑨①夢
両手を何か持つ形にして
頭の上からモクモクと
吹き出すような動きを2回する

自分の好きな
ツバメポーズで

♪後奏

共に

生きている

ツバメ！

手歌に込める思い

飛行機の窓からきれいな雲や下のほうの街を見たときのことを思い出しながら、
ツバメになったようなつもりで、また、地上にいる人間としての気持ちも込めながら、
この歌を表現しました。
歌詞の世界を想像し、いろいろな気持ちを込めてやってみてください。

みさき

手歌実演　信太美紗生　撮影　藤田浩司

■ 作詞・作曲・編曲 Ayase（あやせ）
■ YOASOBI

コンポーザーのAyase、ボーカルのikuraからなる、「小説を音楽にする
ユニット」。2019年11月に公開された第一弾楽曲「夜に駆ける」は
2021年12月に史上初のストリーミング再生7億回を突破。発表する
楽曲すべてが話題を呼び、原作小説の書籍化や映画化など、音楽以外の
領域にも展開の幅を広げている。2021年12月には日本武道館で初の
有観客ライブを成功させる。2022年2月より、島本理生、辻村深月、
宮部みゆき、森絵都という4人の直木賞作家が原作小説を書き下ろし
順次楽曲を発表していくプロジェクト『はじめての』を始動。

https://www.yoasobi-music.jp/

■ ミドリーズ

2021年10月に結成されたSDGsこどもユニット。メンバーは、小学
2年生～6年生のあつき、レクシー、うきょう、りりな、ゆめり。
「YOASOBI with ミドリーズ」として「ツバメ」をパフォーマンス。

■ 手歌翻訳 ホワイトハンドコーラスNIPPON

芸術監督・コロンえりか、手歌指導・井崎哲也。
聞こえない子、見えない子、その友達など、多様な子どもたちが互いの
力を合わせてインクルーシブな活動をおこなう合唱団。手の表現で歌う
（手歌）サイン隊と、合唱で歌う声隊が音楽を奏でる。2020年一般社団
法人El Sistema Connectと公益財団法人東京都歴史文化財団 東京
芸術劇場との共催事業として「ホワイトハンドコーラスNIPPON」を
開始。新国立劇場にて渋谷慶一郎作曲のオペラ「Super Angels」に出演。
東京・京都において活動を行っている。

https://elsistemaconnect.or.jp/white-hand-chorus-nippon/

■ 振付 MIKIKO

演出振付家。ダンスカンパニー「ELEVENPLAY」主宰。
Perfume、BABYMETALの振付・ライブ演出をはじめ、様々なMV・
CM・舞台などの振付を行う。新しいテクノロジーをエンターテインメントに
昇華させる技術を持つ演出家として、ジャンルを超えた様々なクリエーター
とのコラボレーションを行っている。

■ ピアノ編曲 谷口尚久（たにぐち・なおひさ）

東京大学経済学部卒業。学生時代からバンド活動を始める。自身の
グループで高橋幸宏プロデュースのアルバムを2枚発表。同時期に作曲家
としての活動も始め、CHEMISTRY、SMAP、関ジャニ∞、すとぷりなど
多くのアーティストのプロデュース・楽曲提供、また映画やドラマの
音楽も多数担当。東京世田谷にWAFERS Studioを構え日々制作。
個人名義で「JCT」「DOT」「SPOT」をリリース。

■ 合唱編曲 加藤昌則（かとう・まさのり）

作曲家・ピアニスト。神奈川県出身。東京芸術大学作曲科を主席で卒業し、
同大学大学院修了。在学中より自作自演による活動を始め、国内外で
自作品のコンサートを開催し、テレビでの放送も多数。作曲活動はオペラ、
管弦楽、声楽、合唱曲など幅広く、村治佳織、山形由美、宮本益光、
奥村愛など多くのソリストに楽曲提供をしている。代表作はオペラ
「ヤマタノオロチ」など。また、作品に新しい息吹を吹き込む創意あふれる
編曲にも定評がある。